YANG JOON IL
MAYBE SPECIAL

To my Queens + Kings

Rocking Roll Again !!!

We can walk there...
We can run there...
It doesn't matter...
As long as we are together !!!

양준일

Love !!!

걸어가도 좋아요. 뛰어갈 수도 있어요. 아무렴 어때요. 우리 함께 갈 수 있다면!

ENTS

저는 철학자가 아닙니다.
삶의 무게와 아픔이
저를 짓눌렀을 때,
영적이고 철학적인
선생님들의
이야기를 들으며,
자유를 향한 길을
찾았을 뿐입니다.

책을 열며

오랜 세월 곰곰 생각한
그분들의 지혜는 제 삶의
한 부분이 되었습니다.
제 속 깊이 그 지혜가 쌓여,
이렇게 한 권의 책으로
나오게 되었습니다.

What causes a new beginning?
Most likely a force that prevents you
from following on the same path.
What is this force?
Can i resist it?
What happens when one
chooses to fight?
Losses happen. Always!
Much greater gains are also possible.
Pick your battles carefully.
Win your battles in your mind 1st.
The quality of one's life is determined
by the quality of one's thoughts.
The most important battle is
the battle in our minds.
Why?
Because it's never ending!
And the quality of our thoughts
determines the quality of our lives.

스페셜 에디션 서문

새로운 시작은 어떻게 가능할까요?

우리가 과거의 방식대로 살도록

내버려두지 않는 힘 때문일 겁니다.

그 힘은 무엇일까요?

그 힘을 거역할 수 있을까요?

기꺼이 싸우고자 한다면 어떻게 될까요?

무언가를 잃게 되겠지요. 언제나!

하지만 훨씬 많은 것을 얻을 수도 있습니다.

기꺼이, 그리고 신중하게 싸우십시오.

무엇보다 당신 마음 속에서 벌어지는

전투에서 승리하세요.

생각의 질이 삶을 결정합니다.

가장 중요한 전투는 우리들 마음 속에서

벌어지고 있습니다.

그 전투는 결코 끝나지 않으니까요!

삶의 질은 다시, 우리 생각을 결정하니까요.

서문

당신이 원하는 것은 진실인가요? 판타지인가요?

저는 둘 다 원합니다.

하나만 고르긴 너무 어려우니까요. 아마도 진실을

좇는 제 여정은 이 딜레마에서 시작됐을 겁니다.

제가 찾던 진실은 곧 제가 꿈꾸던 판타지였습니다.

이 책으로, 삶의 본질을 갈구했던 여정에서 느꼈던

생각들을 여러분과 나누고 싶습니다.

저는 그 생각들이 매우 본질적인 것과 닿아 있다

고 생각합니다. 바로 영원을 향하고 있으니까요.

적어도, 저는 그렇게 믿습니다.

Do you want the truth or fantasy?
I think I want both.
It's too difficult to just choose one.
Maybe my search for the truth
started because of this fact.
It turns out the truth I was seeking is
the fantasy I was dreaming of.
In this book,
I hope to share some of my thoughts
on my journey in search of the things
that are essential in life.
Why are they essential?
Because they point to the things that
are eternal.
At least that's what I believe.

아무도 모르는
HISTORY로
끝날 줄만 알았던 제 이야기.

이렇게 책이 되어
세상과 나눌 수 있는
*MEMORY*로 변해 갑니다.

014

YANG JOON IL
MAYBE SPECIAL

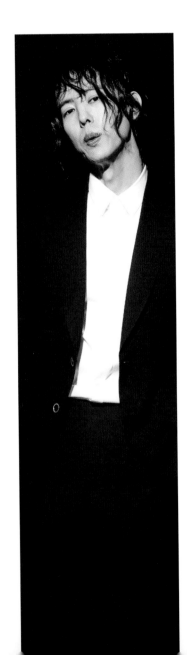

YANG JOON IL
MAYBE SPECIAL

YANG
JOON
CHRO

IL
NICLE

1969

8월 19일. 내가 태어난 곳은 한국이 아니다.
베트남 사이공! 사연이 있다.

1979

가족과 함께 미국 로스앤젤레스 글렌데일(Glendale)로 떠났다.
이민자의 삶이 시작됐다.

1982

윌슨주니어하이스쿨. 이 시기, 내 끼가 서서히 일어났고,
팝핀 등 춤과 가까워졌다.

1983

내가 '좀' 췄다(^^).
댄스팀 학교 대표로 두 번 출전해 모두 1등!

1985

그리고 마침내 글렌데일하이스쿨에 다닐 때 오순택 선생님과 만난다.
나를 연예계로 이끈 결정적 만남이다.

1988

난생 처음 UNI라는 회사를 차렸다. 서던캘리포니아대학교(USC)에 진학해 경영학을
배우기도 했다. 경영학? 아무래도 나와는 안 어울렸다.

1989

12월. 결국 '슈가맨'의 인생이 시작됐다.
한국으로 돌아와 음반을 준비하기 시작했다.

1990

11월. 마침내 1집 〈겨울 나그네〉를 세상에 내놓았다.
부모님이 내 회사 UNI를 통해 당시 돈 8000만 원을 아낌없이 쏟아 부어 만들었다.

1991

MBC를 시작으로 1집 활동 개시!
짜릿한 기억이다. '헬프 미 큐핏' '리베카'에 세상이 반응하기 시작했다.

1992

2집을 제작하기 위해 미국으로! 작곡가 겸 프로듀서 P.B.FLOYD와 2집을 준비했다.
2집 〈DANCE WITH ME 아가씨〉가 세상에 나왔다.

1993

활발한 2집 활동 후에 콘서트까지 기획했지만 비자 문제로 활동을 중단하고
미국으로 갈 수밖에 없었다.

1994

3집을 준비했지만 부모님의 사업이 어려워졌고,
음반으로 내진 못 했다.

1996

내가 LA에서 직접 고른 옷을 어머니가 서울에서 팔았다.
잘된 적도 있었지만, IMF 외환 위기 이후 갑자기 어려워졌다.

1998

그래도 음악을 그만둘 순 없었다.
프로듀서 발 게이너(Val Gaina)와 만나 새로운 음반을 준비했다.

2000

다시 한국으로.
새로운 소속사에서 오디션을 치렀다.

2001

V2 앨범 〈FANTASY〉.
내 판타지가 다시 시작됐지만 그건 결국 판타지였다.

2002

그래도 삶은 계속 된다.
일산에서 영어를 가르치던 시절이다.

2005

온라인 채팅으로 아내를 만났다.
우린 일산의 호수공원을 같이 걸었다.

2006

그리고 결혼했다.

2015

6월
우여곡절 끝에 아들 '타잔(별명)'을 얻었다.

2015

12월. 아내 아들과 함께 미국 플로리다로 이주했다.
함께 해 준 아내에게 감사한다.

2016

컴퓨터 프로그래밍, 부동산……
많은 일자리를 알아봤다.

2017

서빙과 청소, 다양한 육체노동…… 많은 일을 전전했다. 가족을 부양하는
것이, 살아야 하는 것이 실존이었던 시절이다. 매일매일 내 안에 도사리고
있는 쓰레기를 버렸던 시절. 그래도 삶은 계속됐다.

2018

그런데, 기적이 시작됐을까? 한국이 유튜브에서 '시간여행자'라는 별명으로
나를 소환하기 시작했다. 믿기지 않았다.

2019

12월 6일. jtbc 〈슈가맨 3〉이 세상에 나왔다.
도대체 이것을 무엇이라 불러야 할까?

2019

12월 31일. 팬미팅. 내 생애 첫 대규모 팬미팅이었다.
'양준일의 선물'! 팬들의 사랑이 파도처럼 나를 덮친 그날.

2020

1월 4일. MBC 〈쇼 음악중심〉,
19년 만에 다시 내 음악이 시작됐다.

2월 9일, 유튜브로 'OFFICIAL 양준일' 채널을 열었다. 팬들이 내게
기다리고 원하는 모습을 보여주고 싶었다.

2월 14일, 생애 첫 책 〈양준일 MAYBE〉을 냈다. 읽고 또 읽어도 좋은
이 책은 베스트셀러가 되었다. 내게 어떻게 이런 일이!

3월 23일, #매일영혼의말한마디 라는 주제로 카카오 '프로젝트100'을
시작했다. 100일간 매일 글을 쓰게 될 줄은 꿈에도 몰랐다.

4월 30일, 세계 최초 드라이브스루 팬사인회를 했다.
마스크를 쓰고 만났지만 서로 사랑하는 마음은 감출 수 없었다.

5월 19일, 〈양준일 MAYBE〉가 스토리텔을 통해 오디오북으로
나왔다. 수천수만 번 소리 내 읽으며 연습했고, 즐겁게 녹음할 수
있었다. 요즘도 오디오북을 들으며 잠을 청한다.

8월 19일, 19년 만에 내는 신곡 'Rocking Roll Again'과
〈양준일 MAYBE〉 스페셜 에디션이 나온다.
다시 한번 마음껏 달릴 수 있도록!

ROCKING
ROLL
AGAIN

WONDER WHEEL

TICKET
PRICE
$10

OPEN

TICKET

우리 함께 다시

19년 만에 신곡을 내놓는다. 제목은 'Rocking Roll Again'.

록앤롤이라는 음악 장르도 있지만, 그보다는 '다시 뛴다'는 의미를 담고 싶었다. 다시 뛴다는 건 곧 나의 이야기이기도 하다. 나는 지금 그어느 때보다 훨씬 더 다양한 활동을 하고 있기 때문이다.

오랜 꿈이었지만 운명적으로 이루어질 수 없다고 생각했는데, 어느덧현실이 되었다. 다시 마음껏 달릴 수 있게 해준 팬들에게 너무 감사하다. 그래서 우리 모두 함께 다시 뛰어야 할 이유를 찾아보자는 이야기를 건네고 싶었다.

젊을 때 마음껏 달리다가 지금은 멈췄다면 그 이유가 분명히 있을 것이다. 힘이 없어서 못 뛰는 게 아니다. 아홉 살 어릴 적, 뭘 모를 땐 이유도 없이 뛰었는데, 이제는 너무 많은 건 알게 되어서 또는 생각이많아져서 용기가 없어진 걸까? 뛸 수 없다는 것, 열정을 못 느낀다는건 정말 슬픈 일이다.

어떻게 하면 다시 마음껏 달릴 수 있을까?

이 질문을 던지고 싶었다. 그 이유를 찾지 못한다면 우리는 훨씬 빨리늙어갈 것이다. 열정을 찾고, 다시 뛰는 일이 중요한 이유가 바로 거기에 있다. 그 마음을 맨 마지막 줄 "어떻게 해야 다시 Rocking Roll Again"이라는 가사에 담았다.

When I was 9 years old

락앤롤 그땐 있었고

When I was 9 years old

돈이 눈물인지 몰랐고

친구도 많았지

When I was young and uh

그땐 후회는 없었고

행동 똑바로 했었고

걱정거리는 없었지

어디든 달렸지

Rocking Roll 어디갔어

친구야 연락 좀 해

왜 나는 맨날 졸려

더 이상 하기 싫어 생각

왠지 나는 싫어 Same Song

라면 먹기 싫어 휴대폰이랑

어떻게 해야 다시 할까 사랑

어떡해야 느껴 Passion

어떡해야 다시 Rocking Roll Again

Rocking Roll Again

ROCKING
ROLL
AGAIN

When I was 9 years old

꿈은 이루어진댔고

When I was 9 years old

친군 영원함이지

그때는 그랬지

When I was young and uh

내겐 똥배는 없었고

행복 똑바로 보였고

먹고 싶은 건 떡볶이

걱정은 숙제뿐

Rocking Roll 어디 갔어

친구야 연락 좀 해

왜 나는 맨날 졸려

더 이상 하기 싫어 생각

왠지 나는 싫어 Same Song

라면 먹기 싫어 휴대폰이랑

어떻게 해야 다시 할까 사랑

어떡해야 느껴 Passion

어떡해야 다시 Rocking Roll Again

Rocking Roll Again

우리가 안다고 생각하는
단어들의 뜻을 다시 한 번 생각해 볼까.

다들 고난을 피할 수 있기를,
자유로울 수 있기를,
진실한 사랑을 하기를,
행복하기를 원하지만

그 의미를 모른다면
어떻게 찾을 수 있을까?

030

YANG JOON IL
MAYBE SPECIAL

사이공

1969년 8월 19일, 난 전쟁 중이던 베트남 사이공에서 태어났다. 왜 한국이 아니었을까? 미국 여행사에 근무하던 아버지는 군인들의 여행 업무와 관련한 일을 했다. 어머니는 영자신문 기자였다. 두 분은 전쟁이 한창이던 사이공에서 나를 가졌고, 어머니는 그 사실을 서울로 돌아와 알았다.

혼자 서울에서 아이를 낳는 것이 남들 눈에 이상하게 보인다고 생각했을까. 어머니는 굳이 베트남으로 다시 들어가 전쟁통에 나를 낳았다. 그러곤 다시 서울로 돌아와 출생신고를 했다.

Love is like a fire. If you stand close to it, you'll burn. If you stand close enough to it, it's nice and warm. So learn to stand close to it and you can enjoy most of it. You have to know that when it starts to hurt. Just think to yourself, the time has come, and be ready for it and be glad you

had it. Then you can always have another soon. If you get too burnt, it will be very difficult to let your heart open up again. Love is like stocks, up and down, never standing still so know that and be ready.
I mean be ready to enjoy, not run away.

사랑 1

사랑은 불과 같다. 너무 가까이 가면 타 버리고, 적당히 거리를 두면 따뜻하고 기분이 좋아진다.

사랑하기 위해선 적당한 거리를 익혀야 한다. 상처를 입는 순간도 알아야 한다. 상처를 입어도 그저 올게 왔다고 생각하자. 준비하고 고마운 마음으로 받아들이자. 그럼 곧 다음 사랑을 만날 거다. 상처가 깊으면, 다시 마음을 열기가 힘들다.

사랑은 출렁이는 주가처럼 오르내린다. 잠자코 있지 않는다는 걸 알고 준비해야 한다.

사랑할 준비를 하라는 뜻이다. 도망치진 말자.

사랑 2

사랑은 희생 위에서 가능하다. 부부는 서로 의지하고 산다. 내가 먼저 희생해야 상대도 의지하는 나를 받아 준다. 그럴 때 가장 힘든 건 '이 희생을 언제까지 하지?'라는 질문이다. 언제 끝날 지만 걱정하면 모든 것이 무너질 지도 모른다. 순간순간을 버티자. 못 버틸 것 같으면 그 무게를 받아 줄 상대방을 믿고 의지하자.

사랑 3

더러운 부엌 바닥. 뜨거운 비눗물을 확 붓는다고 깨
끗해지진 않는다. 조금 깨끗해지겠지만 오히려 더
엉망이 되겠지. 일방적으로 사랑을 쏟아 부은 관계
가 엉망이 되기 쉬운 것처럼. 비눗물에 걸레를 적셔
조금씩 닦는다. 또 빨아서 닦고, 또 닦고. 그래야 차
츰 깨끗해진다. 사랑도 그렇다.

파랑

나를 색으로 규정한다면 파란색? 깊은 느낌이 있는
반면, 밝은 느낌을 표현할 수도 있다. 파랑, 그 속엔
어둠과 우울함이 공존한다.

혼자 있을 때, 나는 늘 쓰레기를 버린다.
머릿속에 남은 쓰레기도 치운다.
비워야 한다. 그러지 않으면
지나간 과거가 나를 쫓아와
괴롭히기 때문이다.

쓰레기

끊임없이 비워야 한다.
그래야 그 자리에 새로운 희망과
꿈이 들어올 공간이 생긴다.
지금도 마찬가지다.

취미

세상에 없는 것 만들기. 영원한 것, 진리를 찾는 일
이 나의 취미다. 이름 짓는 것도 좋아한다.
회사 이름도, 노래 가사도, 가까운 이들의 별명도
직접 짓는다.

Top section (left to right)

순간을 삼와지

I LOVE ZOMBIE

YULLA

ART BASEL

물건은 그대 팥오옵

TOUR GUIDE BOOK

겨울나그네

MOBIDIC BOOKS

CANCUN TOUR GUIDE BOOK

NYORK TOUR GUIDE BOOK

오늘의 모험 양준일

BANGKOK TOUR GUIDE BOOK

TAIPEI TOUR GUIDE BOOK

PANDA

Hawaii

Middle section (left to right)

MAKE YOUR DRAWING FRESH AGAIN yuna.

MARCIA MULLER a Walk Through the fire

NEW JACK SWING SAMPLE PACK

가나다라마바사

To Peking - and Beyond

a Walk Through the fire

SEOUL TOUR GUIDE BOOK MOBIDIC BOOKS

YANG JOON IL 양준일 가나다라마바사 MOBIDIC BOOKS

Rocking Roll again YANG JOON IL

MAY BE The REBECCA MOBIDIC BOOKS JIY

너와나의 안녕망 YANG JOON IL

ROBIN HOOD

SHORT STRAW

Bottom section (left to right)

2020 FANTASY 백밤 JOD

2020 THE IMMORTALS 백밤 JOD

THE HIDDEN PAGE

PINK

힙피미쿠팟 가사집

MUSIC & LIRYCS K.MUS

처음이 사랑 LOVE AND MEMORIES 백밤 JOD

DANCE WITH ME 아가씨

졸업과 이별의 인구 백밤 JOD

MAYBE SPECIAL EDITION 양준일

HARDWARE

HISTORY OF ILLUSTRATION

ART & CULTURE LINDA BARNE

아픔

팬 카페에 이렇게 썼다. 우리의 아픔을 서로 나누자고. 누구든 갖고 있는 것을 나눌 수 있지, 없는 것은 나눌 수조차 없다. 아픔은 누구나 많이 갖고 있으니, 가장 쉽게 나눌 수 있는 것이다.

화

내가 아끼는 것이 침해당했다고 느낄 때, 그것을 보호하려고 내는 게 화다. 그것이 시간이든, 애정이나 인정이든, 돈이든. 어떤 사람에게 화가 났을 땐 결국 그 사람이 내 주인이 되고 만다.

어린 아이가 거대한 황소를 끌고 갈 수 있는 건 코에 고삐를 끼웠기 때문이다. 누구에게 화가 난다면 이미 그에게 너무 많은 힘을 허락했다는 증거다. 내 코에 걸린 고삐를 빼기만 하면 되는데 말이다.

THE END

최근 방송에 나온 후 많은 사람들이 이 말을 좋아했다. "완벽하게 이루어질 거야." 근데 이 말은 '모든 것이 내 뜻대로 이루어진다'는 의미가 아니었다. '누구에게나 끝은 다 똑같다'는 이야기를 하고 싶었다. 영화가 끝나게 되어 있듯 우리 모두는 죽음을 향해 가는 똑같은 존재라는 뜻이다.

겸손은 나 자신을
낮추는 것이 아니라
나보다 상대방을 더
생각하는 것이 아닐까.

편견

나를 향한 세상의 편견은 한국에서 활동할 때만 있
었던 건 아니다.

어린 나이에 미국으로 이주했을 때부터 편견은 내
게 꽤나 익숙했다. 열 살 남짓 하던 시절, 단지 내
가 한국인이라는 이유만으로 싸움을 거는 아이들
이 많았다. 나보다 키도 덩치도 큰 아이들이 싸움
을 걸어왔지만 나는 그들의 집까지 쫓아가 싸웠다.
죽을 각오로 덤볐다. 맞는 게 두려운 게 아니라 맞서
지 못한다는 게 두려웠다.

생일

두 살 터울 남동생과 생일이 같다. 어렸을 땐 그게
너무 싫었다. 생일 날 받아야 할 애정도, 관심도, 선
물도 분산되니까.
하지만 열 살쯤 깨달은 사실. 동생 덕에 내가 이렇게
좋은 선물을 받는구나!

비명

좋아해서 사람 만나는 일을 사랑이라고들 하지만
대부분은 진정한 사랑이 아니다. 그저 그건 상대방
의 아름다움을 소유하고 싶은 마음 아닐까?
그 아름다움이 자기 것이 되면 더 이상 그 가치를
느끼지 못한다. 그리고 또 다른 아름다움을 찾는다.
상대를 휴지처럼 쓰고 버리기를 반복한다면 사랑이
란 과연 존재할 수 있는 걸까? 만약 어디에도 사랑
이 존재하지 않는다면, 그저 서로가 쓰고 버린다면,
우리는 모두 비명을 질러야 한다는 뜻에서 '왔다 갔
다'란 노래 속에 비명 소리를 넣었다.

왔다 갔다

(V2, 2001)

나는 정말 몰랐어어/ 니가 하고 싶었던 얘기/ 망설이며 널
쳐다만 봤어/ 짧은 만남 시간 속에/ 여러 가지로 엮였던 대화/
남은 것은 과거뿐이야/ 무슨 표정 짓는 거니/ 무슨 뜻이 또
있는 거니/ 아직까지 숨겨야만 하니/ 아직까지 숨겨야만 하니/
사랑한단 너의 얘기/ 입술에서 맴돌던 얘기/
의미 없는 속삭임뿐이야

선택은 자유가 아닌가 봐/ 왠지 난 너를 자꾸 지워도/
눈을 뜨는 순간/ 다시 또 너를 느끼는 Sexiness/
그녀의 손자국이/ 아직도 내 몸에 남아 있어/
처음에는 좋아했었지만/ 왠지 이제는 쓰라려

왔다 갔다 갔다 왔다/ 또는 너를 좋아했다/ 맘대로 니가 안
된다면/ 또는 싫다고 했다가/ 왔다 갔다 갔다 왔다/ 또는 너를
좋아했다/ 맘대로 니가 안 된다면/ 맘대로 니가 안 된다면

가질 수도 없는 Bonita/ 다가 갈 수 없는 Bonita/ 이제서야 난
알게 됐어/ 사랑이란 필요 없어/ 느낌만이 중요한 거야/
이 순간이 소중한 거야

처음서부터 이상한 느낌이야/ 처음서부터 난 너를 믿은 거야/
처음서부터 이것이 잘못이야/ 돌이켜도 다시 널 선택할 것
같아/ 돌이켜도 다시 널 선택할 것 같아

선택은 자유가 아닌가 봐/ 왠지 난 너를 자꾸 지워도/
눈을 뜨는 순간/ 다시 또 너를 느끼는 Sexiness/
그녀의 손자국이/ 아직도 내 몸에 남아 있어/
처음에는 좋아했었지만/ 왠지 이제는 쓰라려

왔다 갔다 갔다 왔다/ 또는 너를 좋아했다/ 맘대로 니가
안 된다면/ 또는 싫다고 했다가/ 왔다 갔다 갔다 왔다/ 또는
너를 좋아했다/ 생각이 복잡해 이제는 너 미워/
하지만 난 너를 보낼 수가 없어

왔다 갔다 갔다 왔다/ 또는 너를 좋아했다/ 맘대로 니가 안
된다면/ 또는 싫다고 했다가/ 왔다 갔다 갔다 왔다/ 또는 너를
좋아했니/ 맘대로 니가 안 된다면/ 또는 싫다고 했니니

두려움

두려움은 소중한 것을 빼앗긴다고 느낄 때 드는 감
정이다. 지금 당신이 이 세상을 두려워하고 있다면,
언젠가 잃을 것을 위해 싸우고 있다는 사실을 잊지
말자. 잃어버릴 수밖에 없는 것을 잡으려고 할 때
두려움이 시작된다.

끼

사람들은 내게 '그 끼를 지금까지
어떻게 참고 살아왔는지' 묻곤 한다.

끼는 참았다가
한순간 발산하는 게 아니다.

그냥 뭐랄까, 내 왼팔 같은 존재다.

항상 같이 있는 존재.
주로 오른팔을 쓰지만
필요할 때 왼팔이 움직이는 것일 뿐.

끼는 그런 거다.

현재

우리는 자꾸 존재하지 않는 것을 보려고 한다. 미래
는 보이지 않는다. 만일 우리가 지쳐 있다면, 자꾸
만 미래를 보려고 하기 때문이다.
지금 이 순간을 보지 않고 미래만 바라본다면, 어떻
게 현실에 충실할 수 있을까?
우리가 잡을 수 있는 것은 이 순간뿐이다.

가난

부모님 덕에 부유하게 살 때도 난 항상 가난한 아
이들과 친구가 됐다. 이렇게 훌륭하고 능력 있는 부
모 아래에서도 힘든데, 가난한 집의 아이들은 얼마
나 더 힘들까, 나도 모르게 종종 그런 생각을 했다.

자전거

미국에서 온 가족이 침실 두 개 있는 아파트에 살던 시절이었다. 학교까지는 걸어서 갈 수 있는 거리였지만 엄마는 새 자전거를 사 주셨다. 나는 동네 끝까지 자전거를 타다가 늦도록 집에 안 들어가던 아이였다.

한국인이 세 명 뿐이던 전학 간 초등학교. 내 자전거를 탐내는 무리가 있었다. 그들과 마주치면 반대 방향으로 머리를 틀어 토할 때까지 자전거로 달렸다. 소중한 무언가를 빼앗기기 싫어서.

별명

내 어릴 적 별명은 '꽃사슴'이었다.
아버지의 태몽 때문이다.
어머니는 기분 좋을 때, 종종 나를
"꽃사슴~"이라 부르기도 했다.

고등학교 시절 별명이 '조용필'이었다는 건 대학에 들어가서야 알았다. 중학교 시절부터 댄스경연대회에 나가 상을 받았고 고등학교 시절엔 노래를 부르기 시작해 동네에선 그럭저럭 이름이 알려졌던 것 같다. 좀 유명해지면 '조용필'이라고 부르던 시절이었다. 아무도 내 앞에선 그렇게 부르지 않아 정작 나는 몰랐지만.

암호 1

암호라는 단어를 쓰는 걸 좋아한다.

모든 사람은 암호로 대화를 한다고 믿으니까.

암호 2

'가나다라마바사'는
내가 연애할 때
부모님이 눈치 채지 못하도록
실제로 썼던 암호와
1집 활동을 하면서
겪었던 일들을
가사로 쓴 노래다.

암호 3

사랑하는 사람들 사이에 문제가 생기는 건, 상대가
원하는 걸 먼저 주지 않고 자기가 원하는 것을 받으
려고 하기 때문이다. 그러기 위해 사람들은 서로에
게 원하는 것과 다른 말을 한다.

가나다라마바사

(2집, 1992)

가나다라마바사 너와 나의 암호말
너만 생각하면 떠오르는 말이 있걸랑
사랑을 한단 말을 하고 있지만
그대와 나만 알아듣는 말 아무도 몰라

가나다라마바사 사랑한단 뜻이야
아침에 전화를 하면 듣고 싶은 암호말

가나다라마바사 보고 싶단 뜻이야
오후 다섯 시면 그대를 만나는 시간
카페에서 만날까 흠 고수부지를 걸을까
보자 마자 하고 싶은 말 너와 나의 암호말

가나다라마바사 행복하단 뜻이야
아무도 모르는 사랑 가나다라마바사

잠깐 쉿~ 가나다라마바사?
야 쟤네들 지금 무슨 얘기하는 거냐
나도 몰라 어머 저거 리베카 아니야?
뭐? 리베카가 누구야?
왜 가수 양준일 몰라?

아으 밥맛 떨어져 칫, 뭐 이렇게 머리가 기냐
어쭈 귀걸이까지 했어

와 너무 잘 어울린다 아우 멋있어 아 뿅 가~
야 여잔지 남잔지 모르겠다
그럼 어때 난 좋기만 하더라
괜히 샘나니까 흥!!

저녁에 자기 전에 들려오는 말
오늘 너무 재밌었어 내일 또 만나자

가나다라마바사 자기 전에 하는 말
아무도 모르는 암호 좋은 꿈꾸란 뜻이야

가나다라마바사 사랑한단 뜻이야
아무도 모르는 얘기 우리들의 이야기

어머나 이쪽으로 온다
양준일이 이쪽으로 와

아까 뭐라고 했지?
가나다라마바사? 가나다라마바사 와~

가나다라마바사 너와 나의 암호말
아무도 모르는 사랑 가나다라마바사
어쭈 어쭈 뭐 뭐 흥 몰라 어머나

암호 4

약속 시간에 늦게 나온 상대에게.

"너 왜 늦었어?"

"차가 밀려서"

"그걸 묻는 게 아니잖아"

"그럼 뭘 묻는 거야?"

"그걸 모르겠어?"

우린 상대에게 해석을 강요한다.

이건 대화가 아니라 기 싸움이다.

"미안해요. 다시는 안 그럴 게요."

"왜 늦었어? 걱정했잖아. 다행이야,

아무 일 없어"라고 말하면 될 것을.

암호가 풀린 순간이다.

암호 5

가장 가까운 사람의
암호가 때론
가장 해독하기 어렵다.
말과 행동이 다르고,
그걸 매일 내 눈으로
보고 있으니까.

074

YANG JOON IL
MAYBE SPECIAL

암호 7

가사를 쓸 때 그 속에 암호를 숨기기도 한다. 'Fantasy'가 인기를 끌었을 때 가사에 대한 반응이 좋았다. 그런데 사람들이 "빨래를 걷어야 한다며 기차 타고 떠났다"는 가사가 대체 무슨 의미인지 묻곤 했다.

사랑하던 남녀가 헤어질 때. 그 이유나 변명을 이해할 수 없는 경우가 대부분이다. 이해할 수 없는 변명을 암호처럼 쓴 가사가 이렇게 오래도록 이야깃거리가 될지 그땐 몰랐다.

FANTASY

(V2, 2001)

처음서부터 넌 좀 특이했어 눈빛으로 대화하는 너의 얘기
처음에는 이해를 못 했어 그래도 난 좋았어

털어놓고 싶었던 마음들 무슨 말을 해야 이해를 할까
표현을 잘 하진 못해도 모든 것을 던졌어

너를 보는 순간 Fantasy 느낄 수가 있는 Ecstasy
아무 얘기 없는 그 입술 생각이 너무 많나 봐

아무도 모르는 History 스치면서 느낀 Memories
하지만 그녀의 눈빛은 이해할 수 없었어

나를 흔들어 깨워 줘 빨리 그녀가 떠나는 꿈이었어
빨래를 걷어야 한다며 기차 타고 떠났어

털어놓고 싶었던 마음들 무슨 말을 해야 이해를 할까
표현을 잘 하진 못해도 모든 것을 던졌어
너를 보는 순간 Fantasy 느낄 수가 있는 Ecstasy
아무 얘기 없는 그 입술 생각이 너무 많나 봐

아무도 모르는 History 스치면서 느낀 Memories
하지만 그녀의 눈빛은 이해할 수 없었어

처음엔 나도 숨겼었어 돌아서며 웃었었어
하지만 사랑의 상처는 여기 남아 있어

아무리 많은 시간 가도 아직 그녈 생각하면
나는 숨을 쉴 수가 없어

그래서 어떡할 거야 여기에 서 있을 거야
아니면 새로 시작 다시 할 거야

도대체 뭐가 문제야 시간을 잡아야 해
여기서 서 있지마 후회도 하지마
더 이상 울지마 나까지 울잖아

아무도 모르는 History 스치면서 느낀 Memories
하지만 그녀의 눈빛은 이해할 수 없었어

춤? 선!

존 트라볼타의 영화를 처음 봤을 때 느꼈던 그 전율을 잊을 수 없다. 나는 존 트라볼타와 마이클 잭슨에게 몸으로 선을 표현하는 법을 배웠다.

중학교 때 팝핀(poppin)으로 춤을 시작했고 친구들과 어울리며 자연스럽게 브레이크댄스까지 익혔다. 중학교 2학년 때에는 유일한 동양인 학교 대표로 뽑혀 댄스경연대회에 나가 1등을 했다. 3학년 때 다시 학교 대표로 출전해 또 1등을 하면서 동네에서 유명해졌다.

지금도 나는 안무를 외우거나 특정한 춤을 추려고 노력하지 않는다. 내 몸으로 어떤 선을 그린다고 상상하는 편이다.

관계

성공은 소유가 아니라 관계에 달렸다. 스스로 잘하는 일을 찾는 게 살면서 가장 힘든 것 같다. 그 일을 찾고 이뤘을 때 우린 성공이라고 말한다. 하지만 더 중요한 것은 관계다.

스티브 잡스가 죽음을 앞두고 후회한 것은 더 큰 성공을 이루지 못한 것이 아니었다. 가족과 좋은 관계를 유지하지 못한 것이었다.

배움

가서 배워라.
너 자신이 무시당하지 않게.
그러고 나서 더 배워라.
네가 남을 무시하지 않게.

만남 1_ 오순택

고등학교 때 작은 교회를 다녔는데 그곳에 할리우
드 1세대 한인 배우 오순택 선생이 오셨다. 당시 이
미 〈007〉 시리즈에 출연했고 나중엔 〈뮬란〉에서
주인공 아버지의 목소리 연기를 했던 분이다.

부모님과 함께한 식사 자리. 대뜸 그분이 "준일이
는 연예인을 해야 합니다"라고 말씀하셨다. 나와
부모님이 깜짝 놀라 되물으니 "준일이가 한국이나
일본에 살았으면 벌써 데뷔했을 거예요"라고 확신
에 찬 말씀을 하셨다.

그 후로 사람들이 춤 좋아하는 나를 인정하기 시작
했고 마침내 내 안에도 어떤 확신이 생겼다.

MAYBE

예전엔 'YES' 'NO' 처럼 분명한 것이 좋고 'MAYBE'라는 말이 싫었다. 지금은 'MAYBE'가 더 좋다. 언젠가부터 확실한 걸 뒤집을 수 있는 힘을 가진 단어가 'MAYBE'라는 걸 알게 되었다.

아이를 낳고 미국 플로리다로 이주해 힘든 나날들을 보내며 현실에 무릎을 꿇기도 했지만 '아마도(maybe) 이것이 전부가 아닐 수 있다'는 생각으로 내 삶을 받아들인 것처럼. 'MAYBE'라는 단어엔 어둠 속에서도 빛을 보게 하는 힘이 있다고 믿는다.

경험

인생에서 가장 중요한 것은 경험이라고들 하지만
경험 역시 내게는 쓰레기다.

경험이란 내가 겪고, 내 눈으로 본 것일 뿐 진실이
아니다. 과거가 더 이상 나를 쫓아오지 못하도록 나
는 오늘도 머릿속 쓰레기를 비우며 그 속에 숨은 보
석을 찾는다.

시간여행자

나를 '시간여행자'라고 불러 주는 건 고맙지만 사실
우리는 모두 시간여행자다. 모두 자신의 과거와 미
래를 하루에도 몇 번씩 왔다 갔다 하지 않나? 굳이
그렇게 부르고 싶다면 '라이프 워커(Life walker)'
라고 불러 주면 좋겠다. 알고 보면 우리 모두 시간
위를 걷듯 인생을 걸어가고 있기 때문이다.

If you say you are RIGHT, then you are wrong, it's not what you say, it's how you say it.
If it's to benefit the other person, then you would have to do it with care and sensitivity.
If you say it to prove I'm better than you, then even when you are right, you will always be wrong. There is a HUGE difference between "you're right" and "that's right"

RIGHT

'내가 옳다'라고 말하면 당신은 틀린 거다. 무얼 말하는지 보다 어떻게 말하는지가 더 중요하다. 타인에게 도움이 되는 일일수록 세심하게 주의를 기울여야 한다. 다른 사람보다 더 낫다는 의미로 말한다면 옳을 때도 당신은 언제나 틀리다. '내가 옳아'와 '그게 옳아' 사이엔 거대한 차이가 있다.

시대

'시대를 앞서갔다'는 말은 부담스럽다. 무엇보다 사
실이 아니다. 이전에 활동하던 시절, 내가 앞서간다
는 생각을 한 번도 한 적이 없다. 다만 무언가
맞지 않는다는 건 느꼈다.
당시 주류이던 음악은 물론, 술자리에서 많은 일이
이루어지는 상황까지, '아, 한국하고 나는 안 맞는
구나'라고 생각했지만 내가 하고 싶은 걸 바꿀 수는
없었다. 그때도 그리고 지금도.

미움

나라고 왜, 누군가 혹은 어떤 것을 진심으로 미워
했던 적이 없겠나? 하지만 내가 상대를 미워한다
고 바뀌는 건 아무것도 없다. 나만 피곤해진다는 사
실을 너무 잘 알고 있다. 누군가를 미워하려면 너
무 큰 에너지를 소모해야 한다. 좋아하는 것보다 훨
씬 힘들다.

무엇보다 내겐 그럴 에너지가 충분치 않다. 미워한
다는 것 자체가 아픈 감정인데 그건 바로 내 아픔이
다. 뜨거운 냄비를 맨손으로 얼마나 오래 잡고 있
을 수 있을까? 뜨거우면 나만 아프니까 내려놓는
것이다.

진리

든는 것만으로도 나를 행복하게 하는 말이 바로 '진리'다. 진리만 있으면 이 세상 어떤 거센 바람도 버틸 수 있다. 영원한 것, 나를 자유롭게 하는 것. 지금껏 살면서 너무 아팠고 그래서 더 진리를 찾아 헤맸다. 지금도 철학자와 영적인 지도자들의 가르침을 들으며 진리를 찾는 여정에 있다. 다양한 사람의 이야기로부터 배운, 내 안에서 천천히 소화시킨 이 진리를 세상과 나누고 싶다.

꿈

어릴 적 꿈은 스파이더맨. 슈퍼맨이 될 수 없다는 걸
그때도 알고 있었다. 거미에 잘 물리기만 하면 스파
이더맨은 될 수 있다고 생각했다.

행복

행복이란 머릿속에 그린 기대감이다. 20대에 무엇을 하고 누구를 만나고, 30대에는 최소한 어떤 차를 타고 어떤 집에 살고 등. 기대했던 것을 이루지 못하면 불행이다고 생기히기 쉽다.

근데 이런 행복의 기준은 내가 아니라 사회가 결정한 것이 아닐까? 행복이 무엇인지 이야기하기 전에 무엇이 행복이 아닌지를 아는 게 중요하다. 그게 무엇인지도 모른 채 무작정 찾아 헤매다 보니 행복을 찾기 어렵다. 설사 찾아도 만족하지 못하고 또 다른 무언가를 쫓아 헤매게 된다. 내가 찾는 행복, 내 행복이 무엇인지를 아는 것이 먼저다.

팬:
파파존스를 운영하는 두 아이 아빠인데
하루도 쉬지 않고 일해요. 아이들을 사랑해서
일하는 건데요, 정작 그들과 보낼 시간이
없네요.

Y:
당신은 히어로입니다.
모래 위에 선을 긋고,
그걸 지키고 있으니까요.
가난이 그 선을 넘을 수 없게.

대화 1

나는 늘 기도한다. 아직 준비가 안 되었다고. 사람들이 자신 뒤에 감춘 암호를 풀 수 있는 준비가. 팬들이 2, 4, 6이라고 얘기하면 그에 이어 내 입에서는 8, 10, 12가 나오기를 희망하며 대화한다. 경청은 사랑한다는 표현이다. 상대가 말할 때 귀 기울여 듣는 것. 모든 사람과 이렇게 이야기를 나눌 수 있다면 얼마나 좋을까.

대화 2

팬:
사람들이 저를 실패자로 볼까 봐
두려워요.

Y:
그럼 왜 저를 찾아 왔죠?
제가 바로 실패자인데.

팬:
저는 양준일 씨를 실패자라고
보지 않아요.

Y:
시간이 걸릴 뿐
실패자는 없어요.

집중

아이와 보내는 시간은 다른 무엇과도 바꿀 수 없을
만큼 중요하다. 그런데 종종 이런 생각을 한다. 나
는 아들과 시간을 보냈지만 아들은 나와 시간을 보
내지 않았다고 생각할 수도 있다. 아이를 공원에 데
려가 혼자 놀게 두고 나는 핸드폰을 보고 있다면, 아
이는 나와 시간을 보냈다고 생각하지 않을 것이다.
아이가 집중을 잘 못한다고 탓하기에 앞서 집중을
못하는 이유를 살피자. 아이는 집중이 무엇인지 모
르기 때문이다. 나부터 아이에게 집중해야 한다. 아
이가 놀다가 아빠를 바라봤을 때 아빠도 자기를 지
켜보고 있다면 안심하고 만족하지만, 만약 아빠가
핸드폰만 보고 있다면 아이는 친구나 게임처럼 다
른 데서 그 부족함을 찾기 마련이다. 이때 부모는
아이를 탓하기 시작한다. 아이들은 자신과 마음이
통하는 무엇을 찾을 뿐이다.
아이를 잃기 싫다면 지금 집중하자. 긴 시간이 필
요한 게 아니다.

공부

부모님께 기쁨은 주는 아들이고 싶었지만 그러지
못했다. 도저히 공부로는 기대를 충족시킬 수가 없
어 부모님 차를 세차하고 어깨를 주물러 드리기도
했지만 만족시켜 드리지 못했다. 춤에 관심을 갖고
대회에서 상을 타는 등 주변에서 인정받았을 때도
그만두라고 하셨다.

부모님의 기대는 아무리 채우려고 해도 채워지지
않았다.

BECAUSE

(V2, 2001)

Women play their love games, men will play their
heart aches
Who will win no one really cares about that
Come and go as they say. Time will run out I say
When in love you have to change your funky ways

Because she will always be, be your strength your
candle waiting in the night
Because time has come to be her man, she will always
be there even to the end
Time to concentrate

Women dig a pop band, I became a pop band
When you're on the road so many things get lost
Life is like a circus, be a clown and get paid
Every night I close my eyes to heal the pain

Because you will have to be, be her strength her
candle burning through the night
Because I will be a clown yes. Just to see her smile
and guard her through the night
Time to concentrate

Women play their love games, men will play their
heart aches
In the end we always seem at lost
Come and go as they say, who I trust is my say
When in love you have to change your funky ways

Because she will always be, be your strength your
candle waiting in the night
Because time has come to be her man, she will always
be there even to the end
Time to concentrate

차

우리 집이 잘 살아서 고등학생 시절 내가 포르셰를 두 대나 타고 다녔다는 얘기가 있다. 반은 맞고 반은 사실이 아니다.

두 살 어린 동생이 중학교에 입학할 때 1등으로 졸업하면 동생이 원하는 소원 한 가지를 들어주겠다고 부모님이 약속했다. 결국 중학교를 1등으로 졸업한 동생은 포르셰를 사달라고 했다. 당시 고등학생이던 나는 폭스바겐을 몰고 통학했다. 부모님은 동생이 포르셰를 타는데 형이 폭스바겐을 타는 건 맞지 않다며 내게도 포르셰를 사 줬다. 당시엔 어린 동생이 면허를 따기 전이라 한동안 내가 두 대를 번갈아 몰았다. 그런데 나는 포르셰보다 폭스바겐이 운전하기 더 편했다. 그래서 매형에게 차를 바꾸자고 제안하기도 했다.

선택

살면서 내가 한 최고의 선택은 가수가 된 것이다. 가장 잘못한 선택도 가수가 된 것이다. 음반 낸 것을 후회한 적은 한 번도 없다. 하지만 아이를 낳고 키우며 경제적으로 힘들 때 단 한 번 내 선택을 후회한 적이 있다. 내가 만약 한국에서 가수 활동을 하지 않고 미국에서 다른 일을 했다면 최소한 아이를 먹여 살릴 능력은 있지 않았을까, 라는 생각 때문에.

인기

인기가 높아졌다고 변하고 싶지 않다. 인기가 떨어지면 또 변해야 하니까. 처음 가수가 되고 싶었을 때 유명해지거나 인기를 원해서 시작한 건 아니었다. 춤이 좋고 노래하면서 표현하는 무대가 좋았다. 그런 나 자신을 가장 잘 표현해 인정받을 수 있는 가수가 되려고 했다. 만약 인기에 연연했다면 정말 괴로웠을 것이다. 과거의 나는 인기나 대중이 느끼는 호감과는 거리가 멀었으니까.

누가 뭐래도 가수로서 무대에 서는 일 자체를 좋아하고 즐겼기 때문에 시간이 많이 흐른 지금도 이렇게 많은 사람들이 나의 진심을 알아보고 좋아한다고 생각한다.

지금의 인기와 관심도 언젠가는 사그라지겠지만. 처음 가수를 꿈꿨을 때 노래나 춤을 향한 사랑 그 자체에 집중한다면 행복한 가수로 꾸준히 활동할 수 있지 않을까?

영화

옛날에는 극장에서 히어로 영화 보는 걸 좋아했다. 팬들과 소규모 미팅을 할 때 함께 영화를 보기도 했다. 그런데 진리를 찾아 헤매기 시작한 후부터 영화 스토리가 더 이상 마음에 와 닿지 않는다. 요즘엔 영화를 거의 보지 않는다.

자존감

자존감이 높아 보인다는 말을 종종 듣는데, 내 자존
감은 믿음에서 나온다. 나 자신이 아닌 내 밖에 있
는 존재를 향한 믿음 말이다. 한참 아파하면서 이게
전부일 수는 없다고 생각하던 때 이게 다가 아니라
면 나를 넘어서는 무언가가 존재할 것이라는 사실
을 깨닫게 되었다.

나 자신만 의지하면서 했던 일은 아무것도 내 뜻대
로 되지 않았다. 세상에서 제일 못 믿는 게 나 자신
이었다. 이 세상에 영원한 것은 따로 있고 그것을
찾는 게 내 인생의 목적이다.

UNI

고등학교를 졸업한 후 대학에 입학하기 전, 석 달 의 여유가 주어졌을 때 첫 회사 UNI를 차렸다. UNI 는 Universal Novelty Incorporated의 이니셜 을 딴 이름이다. 비치 타월 겸 롱드레스처럼 보이는 커다란 티셔츠를 타월처럼 사용할 수 있게 하자는 아이디어를 사업화 했다

맥도널드나 버거킹에 납품하는 원대한 꿈을 꾸며 한국에 왔는데 그땐 이미 서울올림픽 직후여서 인 건비가 생각보다 높았다. 수지를 맞추려면 브라질 로 가야 했는데 시간도 부족하고 언어도 통하지 않 아 결국 포기하고 대학에 진학했다.

이 회사가 바로 나의 1집 제작사가 된 UNI다. 2집 활동 후에 문을 닫았다.

가사

어릴 땐 조지 마이클과 엘튼 존을 좋아했다. 마이클 잭슨의 퍼포먼스를 좋아했지만 가사는 별로 마음에 와 닿지 않았다. 엘튼 존이 천재적 음악성과 아름다운 가사, 그것들을 단순하게 전달할 수 있는 재능이 부럽다.

'Tonight' 'Sorry seems to be the hardest word' 'Don't let the sun go down on me' 등 엘튼 존의 노래, 특히 가사는 힘든 시절 나를 달래줬다. 나 역시 노래를 만들 때 가사에 신경을 많이 쓴다.

말

'무얼 말하는가' 보다 '누가 말하는가'가 더 중요할

수 있다. 지금 내가 하는 말이 대부분 세상에 이미

있던 이야기인데도 새삼스레 주목 받는 것처럼.

만남 2 _ P.B. 플로이드

1집 활동이 성공적이었다고 할 수는 없지만 음악을 계속 하고 싶었다. 아무도 내게 곡을 써 주지 않아 직접 가사를 쓰고 작곡을 해야 하는 상황이었다. 내 길이라 생각했기 때문에 하나도 힘들지 않았다. 대학으로 돌아가고 싶지는 않았다. 음악을 어떻게 하는지 전혀 모르는 상태에서 1년 동안 준비해 1집을 만들었으니 두려움 없이 2집을 만들기 위해 미국으로 돌아갔다. LA에서도 음악이 너무 하고 싶은데 누구를 만나 어떻게 해야 할지 몰랐다. 무작정 한국인이 운영하는 술밥 가게에 가서 점원을 붙잡고 "앨범을 만들고 싶으니 음악을 잘하는 사람을 소개시켜 달라"고 했다. "사실인지는 모르겠지만 자기가 음악을 한다고 떠벌이고 다니는 사람이 있다"며 소개해 준 사람이 바로 프리스타일 그룹 나이스&와일드(Nice & Wild)의 히트곡 'Diamond Girl'의 작곡가 겸 프로듀서인 P.B. 플로이드(Floyd). 1년간 함께 다니며 친해졌고 이 친구 운전까지 직접 해 주며 함께 만든 앨범이 바로 나의 2집이다.

SORRY

출연하기로 한 토크쇼에서 부를 노래를 혼자 연습
하다 조절할 수 없을 정도로 눈물이 났다. 아내와
아이를 제대로 돌보지 못하던 시절의 감정이 떠올
라서. 내 가족에게 못해 주던 것들을 할 수 있게 해
준 팬들에게 고맙고, 또 고맙다.

인생

V2로 활동하던 시절, 노력하면 인생을 바꿀 수 있다고 생각했다. 인생이 강물을 헤엄치는 것이라면 물살 반대 방향으로 거슬러 올라가는 것은 불가능해도 물의 흐름을 타고 열심히 팔을 저으면 왼쪽 또는 오른쪽으로 가는 것은 가능하다고 믿고 노력했다. 지금의 나는 그조차도 안 된다고 생각한다.

지금 내가 생각하는 인생이란 헤엄치고, 방향을 잡고, 속도를 바꿀 수 있는 것이 아니라, 방향도 속도도 조절이 안 되는 방주에 몸을 싣고 떠나는 것이다. 그래서 어떤 상황도 그대로 받아들이려고 매일 연습한다. 생각지도 못한 일이 일어났을 때 불안해하고 남을 탓하면 더 큰 문제를 낳을 수 있다. 작은 불에 휘발유를 끼얹는 꼴이 될 수 있다.

상황을 어떤 태도로 받아들이느냐가 결국 방향을 바꾸는 열쇠가 된다고 믿는다.

무대

무대에 섰을 때 나는 평소와는 전혀 다른 사람이 된
다. 나는 최고의 보컬리스트는 아니지만 온몸으로
이야기와 감정을 전달하는 스토리텔러다.

불안

지금 나를 가장 불안하게 하는 건 기대다. 일어나지 않은 일을 자꾸 생각하다 보니 더 그렇다. 기대와 두려움은 어찌 보면 비슷한 감정의 서로 다른 면이다. 인생을 살다 보면 기대한 것은 이루어지지 않고 두려움은 종종 현실이 된다. 그래서 둘 다 하지 않으려고 노력한다.

언제나 조심해야 할 것은 무엇이 뒷문으로 슬며시 들어오는지 아는 것이다. 내가 미처 신경 쓰지 못하는 사이 스며드는 것들을 조심해야 한다.

기대나 두려움, 알고 보면 둘 다 현실에서 이루어지는 것은 아니다. 내 머릿속에 남는 것이 결국 이루어진 것이다.

기대한 대로 이루어지지 않는다는 이야기를 종종 한다. 어떤 성과든 기대한 것보다 크게 이루었다고 생각하는 사람은 많지 않기에.

밥

내가 먹을 수 없는 밥.
눈칫밥.

패션 1

알렉상드르 뒤마의 소설 《삼총사》에
나오는 17세기 패션을 좋아한다.
그래서 단추가 있고 어깨와 소매가
풍성한 스타일의 옷을 즐겨 입는다.
클래식하고 단순하지만
하나의 포인트가 있는 것!

패션 2

나에게 음악이란 '패션(fashion)'이다.

지금 세계적으로 K팝이 1등이라는 건 내겐 한국의 패션이 1등이라는 뜻으로 들린다. 마치 예전의 마돈나처럼. 만약 K팝이 오직 오디오만으로 이루어졌다면 오늘 같은 결과가 가능했을까?

오디오와 비디오를 아우른 토털 패키지가 세계를 휩쓸고 있는 것이다.

아내

아내와는 온라인 채팅으로 만났다. 만나기로 약속한 날, 지하철 층계를 올라가다 한참을 서서 그냥 돌아갈까 생각도 했었다. 그동안 채팅으로 만났던 사람들이 전부 기대와 달랐기 때문이다. 고민 끝에 만났는데 한눈에 반했다. 이국적이어서.

목소리

하현우 씨가 〈나는 가수다〉에서
씨스타의 '나혼자'를 노래하는
모습을 보고 너무 놀랐다.
내게 저런 목소리가 있다면
나도 저렇게 표현했겠구나,
생각했다.

리베카

이젠 '리베카'가 '대한민국'이라고 생각하며 노래 부른다. 이 나라가 내게 준 아픔과 기쁨이 이젠 모 두 하나가 되었다.

영어

영어는 단순히 앉아서 공부하는 게 아니라 운동하
듯 연습하는 것이다. 어떤 순간에도 그것이 자연스
럽게 나올 때까지.

일산에서 10년 넘게 영어를 가르쳤다. 열심히 가르
쳐도 따라오지 못하는 학생들 생각에 잠을 이루지
못한 날들도 많았다. 결국 내 스스로 아이들의 눈높
이에 맞춘 영어 교수법을 개발했다.

V2 시절 발표한 'Do you speak English?'는 아
이들에게 영어를 가르치며 있었던 일과 느낌을 가
사로 표현한 노래다.

DO YOU SPEAK ENGLISH?

(V2, 2001)

엄마 아빠는 맨날 나만 보면

그 비싸게 주고 배워 가는 영어

한번 혓바닥 굴리면서 해 보라 해

오늘 등록된 학원이었는데

벌써 나를 보며 영어를 하라니

지금 한글도 굴러가지 않을 텐데

Hey you! do you speak English?

야 너! 오브가 코스지!

Hey you! do you speak English?

You me together enjoy 오브가 코스지!

그래 이제는 한 달 지났으니

그 비싸게 주고 배워 가는 영어

엄마 친구들 앞에 서서 해 보라 해

빅맥 후렌치 후라이 콜라 라이트 치킨 맥너겟 올 투게더 추가

애플파이와 세트로는 하우 머치

Hey you! do you speak English?

야 너! 뭐라고 말해 봐

Hey you! do you speak English?
What's up What's up with you?
Hey you! do you speak English?
야 네! 그만 좀 물어봐
Hey you! do you speak English?
You me together enjoy 우브기 쿠스지
I said hamburger drinks and give me some fries
valet parking on Pizza Hut
and Popeye's chicken is moving on up
and Burger King is there on the right hand side,
McDonald's has the best french fries
and Lotteria as pretty good stuff
but KFC has the right idea with their biscuit selling
at a low low price
I don't know what is going on
I just know I'm getting very hungry now.

XBe

과거를 뜻하는 'ex'와 발음이 같고 미지의 존재를

뜻하기도 하는 'X'에, 현재를 뜻하는 'Be'를 합쳐

나의 과거와 현재, 그리고 미래를 얘기하는 이름.

내 활동을 관리하는 회사의 이름이다. 직접 지었다.

나 1

내가 지닌 여러 면 중 가장 좋아하는 것은 진리를 찾
고 싶어 하는 마음이다. 그러기 위해 계속 배우고 싶
어 하는 마음이 좋다.

반면 기억하고 싶은 것을 기억하지 못하는 것은 마
음에 들지 않는다. 사람과 길 이름을 제대로 외우지
못해 아쉬울 때가 한두 번이 아니었다. 물건을 어디
에 두었는지 찾지 못한 적도 많다.

나 2

내게 싫은 면이 있어도
피할 수 없기에 함께 산다.
아픈 무릎을 견디며
사는 것처럼, 나를 미워하는
사람과 세상에 함께
존재해야 하는 것처럼.

아이스크림

20년 가까이 함께한 나의 팬이자 친구. 아이스크 림을 좋아하는 그에게 내가 붙여 준 별명이다. 이 번 책은 그가 먼저 제안했다. 힘들 때 내가 해 준 말 이 도움이 되었다는 아이스크림이 내 이야기를 책 으로 내자고 했고, 두말없이 'OK' 했다. 내 이야기 가 다른 사람들에게 도움이 된다면 그걸로 좋은 일 이니까.

햄버거

이전엔 팬들과 꾸준히 소통했는데 이제 개인적인
만남을 더 많이 갖기 힘들어 아쉽다. 소소한 일들이
기억에 오래 남는다. V2 활동 당시 한 햄버거 가게
에서 팬들과 미팅을 한 적이 있다. 그때 프렌치프라
이와 햄버거를 나눠 먹으면서 수다를 떨던 일은 두
고두고 생각해도 즐거운 기억이다.

그래서일까? 지금도 그 햄버거 가게 앞을 지날 때
면 나도 모르게 미소 짓게 된다. 누가 미팅 장소를
정하자고 하면 나도 모르게 그곳부터 말하곤 한다.

GOOD

BYE

GOOD BYE
(V2, 2001)

짧은 시간만이라도 나를 만나 줘
잠깐만이라도 내 얘기를 들어봐
이젠 더 이상 아픔이란 단어는 없었으면 해
하지만 지울 수가 없어 그 많은 기억들을
너의 눈빛, 너의 미소, 너의 향기까지
넌 나를 잊은 거니 벌써 지워졌니
쉽게 흘렸던 그 눈물 하나로
사랑했던 동안엔 난 알지 못 했어
한 순간에 꿈만으로 스쳐갔지만 사랑이라 믿었지
GOOD BYE라 하지 마 오늘 밤 같이 있자
조용히 눈감고 있어도 돼
가지 마. 우리 첫날밤처럼 소중한 추억으로 남게
이젠 모든 것이 끝난 건가
이젠 너의 곁으로 못 가는 건가

널 잡을 수도 없지만 오, 놔 줄 수도 없는 내 심정
나도 이해할 수 없어 하지만 이 순간 네가 없는 지금
멈춰진 시간 속에 난 포로가 되어 있는 것만 같아

사랑했던 동안엔 난 알지 못 했어
한 순간에 꿈만으로 스쳐갔지만 사랑이라 믿었지
GOOD BYE라 하지 마 오늘 밤 같이 있자
조용히 눈감고 있어도 돼
가지 마. 우리 첫날밤처럼 소중한 추억으로 남게
GOOD BYE라는 말은 더 이상 하지 마
오늘 밤 마지막이라는 걸 알아
조용히 눈을 감고 있어도 난 만족해
오늘까지만은 내 여자잖아
GOOD BYE라 하지 마

진실, 사랑

내게 진실과 사랑은 한 단어다. 진실과 사랑이 분리되면 그것은 진실도 사랑도 아니다. 진실이란 솔직하게 얘기하는 것. 만약 진실 없이 사랑만 있다면 잘못된 길로 가는 것도 무조건 덮어 버리려는 맹목적 사랑이 된다. 부모가 자식에게 그러는 것처럼. 그건 내가 바라는 사랑이 아니다. 대화할 때 진실과 사랑이 같이 느껴지지 않으면 의미 있는 대화를 할 수 없다고 생각한다.

첫인상

외모나 행동만으로 사람을 판단하지 않으려고 노력한다. 내 아이를 볼 때 부족한 면이 많더라도 잘하는 면부터 보려고 노력하듯이. 누구든지 만나면 100점에서 시작했으면 좋겠다.

때론 그 점수를 상대방이 깎아 내릴 수도 있겠지만.

결혼

아내를 사랑한다. 우리 모두 그렇듯, 아내의 영혼 역시 슬프다고 느꼈다. 아내를 보호하고 싶었고, 결혼했다.

언젠가 아내에게 얘기했다. "우리가 같이 산다는 건 함께 서브마린으로 들어가는 거야. 서브마린은 철저히 고립된 공간이잖아. 우리 밖에 없어. 만일 아주 작은 금이라도 간다면 우리는 서브마린과 함께 가라앉을 거야."

누군가와 궁전에 사는 것보다 아내와 반지하방에서 살기를 바랐다.

내가 아이에게 붙여 준 별명, 타잔.

아이를 키우면서 아이가 부모의 스승이 될 수 있다고 느낀다. 그런 아이를 자꾸 가르치려는 것이 문제다. 아이는 너무 자연스럽게 행동한다. 아이에게 "이게 틀렸어, 이러면 안 돼"라고 말하는 것 자체가 사실은 내가 틀린 것이다.

"안 된다"고 말했을 때 아이가 눈치를 보며 따르겠지만 사실 그건 아이에게 기회와 능력만 된다면 나와 멀어질 기회를 자꾸 쌓는 것이다.

아이와 1년에 한 번 정도 싸우지만 늘 내가 먼저 사과한다. 지금 아이에게 바라는 것은 그가 나를 피하지 않는 것이다. 좋든 나쁘든 일이 생겼을 때 나를 먼저 찾는 것, 아무 일 없을 때에도 아빠를 생각하는 것이다.

이야기

나는 어디서 들은 이야기를 그대로 전하는 것을 유난히 못한다. 누군가 내게 어려운 개념을 힘들게 설명하면 일단 그것을 나의 한부분이 될 때까지 소화한 다음에야 뱉을 수 있다. 일단 소화하고 내 머릿속에 단순한 이미지로 남아야 내 이야기가 되는 것이다.

사과

좋은 면이든 나쁜 면이든 누군가를 알아가려면 일단 그 사람과 제대로 싸워 봐야 한다. 싸운 다음 사과를 할 수 있는지가 중요하다. 사랑은 피아노처럼 배워 가는 것이기 때문에 사과하지 않는 사람은 배울 생각이 없다는 뜻이다. 사과를 안 하는 사람과는 자연스럽게 거리가 생길 수밖에. 누구든지 실수할 수 있기 때문에 사랑한다면 실수를 인정하고 사과할 수 있어야 한다. 그래서 아내에게, 아이에게, 그리고 팬들에게 종종 사과한다.

외로움

오랜만에 돌아온 서울, 모두들 더 외로워 보였다. 외
롭다고 말하는 사람도 많았다. 온라인과 SNS로 그
어느 때보다 서로 긴밀하게 연결된 우리.

그런데 왜 더 외로울까? 누군가 곁에 있어도 외로
울 때 진짜 외로운 것이다.

그 외로움을 함께 나눌 수만 있다면 조금은 덜 외롭
지 않을까? 새로운 음반을 낸다면 이 노래를 꼭 다
시 부르고 싶다.

외로움

(V2, 2001)

해가 떨어지길 기다려/ 음악이 흐르면서 뜨거워/
떠나가고 싶은 괴로움/ 눈을 감으면 난 날아가

뛰어가고 싶은 곳이야/ 따라가고 싶었었던 꿈이야/
왠지 나는 익숙해/ 알 수가 없는 나의 외로움

내 맘을 이해하려고는 하지 마/ 나도 파악하긴 너무 힘들어/
그냥 술 한 잔을 따라 줘/ 이해할 수 있니 느낄 수가 있니/
사랑한다고만 말해 줘 오늘만이라도 진심이라고

Never want to be alone in this place/
Never want to be, never meant to be
(여기 혼자 있고 싶지 않아/ 원한 것도, 의도한 것도 아니야)

잡을 수가 없는 밤이야/ 바람 타고 사라지는 향기야/
불에 타오르던 열기도/ 해가 뜨고 나면 오, 끝이야
내 자신이 난 두려워/ 음악소리까지 힘들어/
왠지 나는 익숙해/ 알 수가 없는 나의 외로움

까맣게 잊은 것 같아/ 오늘도 흔들릴 것만 같아/
왜지 나는 익숙해/ 알 수 없는 나의 외로움

내 맘을 이해하려고는 하지 마/ 나도 파악하긴 너무 힘들어/
그냥 술 한 잔을 따라 줘/ 이해할 수 있니 느낄 수가 있니/
사랑한다고만 말해 줘/ 오늘만이라도 진심이라고

Never want to be alone in this place
(여기 혼자 있고 싶지 않아)
Never want to be, never meant to be
(원한 것도 의도한 것도 아니야)
Never meant to be
(의도한 게 아니야)

BILINGUAL

한국어와 영어, 두 가지 언어로 말하는 바이링구얼
(bilingual)로 살면서 느끼는 장점은 영어로 표현
하기 힘든 것을 우리말로, 우리말로 표현하기 힘든
것을 영어로 표현할 수 있다는 것이다.

반면 단점은 우리말도 영어도 깊이 못한다는 것.

그래서 내 생각을 간단하고 쉬운 단어로 표현할 수
밖에 없다.

뱀파이어

어떤 팬들은 나를 '뱀파이어'라고 부른다. 어떤 면에서 동의한다. 이번에 책에 들어갈 사진을 촬영하면서 카메라에 찍힌 나를 제대로 보았다. 나를 이렇게 자세히 들여다 볼 일이 없었는데 피사체로 표현된 내 눈빛과 마주하니 상상하던 것 이상이 보였다. 내 눈빛이 이런지 처음으로 알았다. 아주 늙은 영혼이 거기 있었다. 많은 것을 보고 느낀 한 영혼이.

감동

감동적인 순간이 있었다. 지난 2019년 12월 31일 팬미팅에서 커다란 함성을 들으며 팬들의 사랑을 느꼈을 때다.

"팬들의 사랑이 파도처럼 나를 덮쳐 와서 숨을 쉴 수가 없다"며 눈물을 흘렸다.

내 아이를 볼 때도 그렇다. 아이가 태어났을 때는 뭐가 뭔지도 몰랐고 이 생명을 책임져야 한다는 부담감이 더 컸다. 그런데 시간이 갈수록 아이와 나의 관계가 깊어진다. 아이를 보며 "예뻐 죽겠다"는 말을 할 때마다 아이가 태어났을 때보다 훨씬 더, 매일매일 감동이 더해 간다.

열쇠

사람들은 어떤 일을 더 하라고 하면 "내가 그걸 왜 해야 하는데? 왜 그것까지 나한테 시켜?"라고 되묻는다. 단 하나의 문만 열 수 있는 열쇠가 되려고 하는 것이다. 전문성을 키운다고 말하지만 사실 사회에서 원하는 건 만능열쇠일 때가 많다. 만능이 되어야 갈 곳이 더 많아진다.

일

써니 누나네 레스토랑에서 일할 때다. 쉬는 날 혼자 코스트코에 가서 쇼핑하다 누나한테 전화해 "뭐 필요한 거 없어?"라고 묻곤 했다. 누나는 놀란 목소리로 "너는 왜 쉬는 날에도 레스토랑을 생각하니?" 뇌붙곤 했다. 레스토랑 일이 곧 내 일이라고 생각했기 때문이다.

써니 누나는 〈슈가맨 3〉 방영 이후 한국으로 돌아가려는 나를 흔쾌히 보내 줬다. 일할 때는 뭐든 곧 내 일이라는 마음으로 임하려 한다. "쟤 왜 저래?"라고 말하는 순간 바로 남의 일에 관여하는 것이니까. 이 세상 넘어 어느 별나라에 내 뜻대로 되는 사람이 있을까?

용서

늘 순간순간 용서할 수 있다면 나중에 쌓아 놓고 한꺼번에 용서하지 않아도 된다. 밖에서 애가 울고 있는데 화를 내며 조용히 하라고 해서 아이가 울음을 멈추는 건 아니다. 내가 용서하지 못하거나 있는 그대로 받아들이지 못하면 그건 내 머릿속에서 더 큰 문제가 되곤 한다.

평화

상황을 있는 그대로 받아들이는 건 평화를 원하는 사람이 할 수 있는 일이다. 평화가 아닌 행복을 잡으려는 사람에겐 오히려 불행이 더 많이 잡힌다. 행복을 잡기 전에 불행을 놓을 수 있어야 한다. 불행을 놓으면 평화가 먼저 온다.

아내와 호수공원을
한 바퀴 돌기로 했지만
너무 멀고 힘들어서
포기하고 돌아오는 길.
아내가 물었다.
"오빠, 무릎이 안 좋아요?"
"왜?"
"걷다가 무릎이 아파서
내가 절뚝거렸는데,
우리 걸음걸이가
똑같은 거 같아서요."

유튜브

사람들이 무엇을 좋아하는지 잘 모른다. '리베카'
'헬프 미 큐핏' '가나다라마바사' 모두 인기를 얻으
리라고는 생각조차 못하던 노래들이다. 1집과 2집
모두 음반의 원래 타이틀곡은 다른 노래들이었다.
유튜브 개인방송을 시작했다. 내가 하고 싶은 것 보
다, 팬들이 내게 원하고 기다리는 모습을 보여 주
고 싶다.

돈

내게 돈은 우산 같은 것이다. 많으면 나눌 수 있는
것. 하나라면 나와 내 가족이 써야 하지만 남는 것
이 있다면 곁에 있는 사람들이나 꼭 필요한 사람들
에게 "이거 써"라고 건넬 수 있는 것.

조율

평화롭기 위해선 노력이 필요하다. 기타를 치기 전에 튜닝을 하듯, 스스로 균형을 잡으려면 자기 자신도 늘 조율이 되어 있어야 한다. 그 어떤 것도 내 손에 달려 있지 않다는 것을 자꾸 기억하고 잊지 않으려 노력한다.

비글미

내가 내려놓은 것이 이루어질 때,
내가 내 아이를 지켜볼 수 있는
에너지가 있을 때, 내가 돕고 싶은
사람을 도와줄 수 있을 때,
내 감사함이 넘칠 때 가장 기쁘다.

팬들이 내게 이야기하는
'비글미가 넘친다'는 말이
무슨 뜻인지는 잘 모르지만.
어려서부터 지금까지
코드만 맞으면 깔깔대며 잘 웃는다.

균형

인생이란 끊임없이 균형을 찾아가는 과정이다.

명성은 인생의 균형을 맞춰 주는 도구 중 하나다.

가난함 역시 인생의 균형을 잡아 준다. 뒤늦게 찾아

온 명성 때문에 많은 것을 알게 되었다.

하지만 난 가난에서 더 많은 것을 배웠다.

사람의 영혼을 만지면서 살고 싶다.
계산하지 않는 사람이고 싶다.
가족처럼 팬들을 챙기고 싶다.
관계를 중요하게 여기며 살고 싶다.
이 모든 것을 잘 유지할 수 있도록
초점을 잃고 싶지 않다.

책을 덮으며

우리는 왜 단어를 사용할까요?

생각이나 느낌을 표현하기 위해서?

우린 무엇을 기다리고 있나요?

무엇을 찾고 있나요?

어디로 가고 있나요?

우리는 늘 무언가를 하느라 바쁘죠.

하지만 정작 무얼 하는지는 몰라요.

어쩌면 잠시 멈추고 가만히 있으면

이미 거기에 있는 것일지도 몰라요.

아마도.

아마도 이르지도 않고.

아마도 늦지도 않고.

아마도 항상 그때일지도 몰라요.

예전엔 쓰지 않던 말 '아마도'

이젠 쓰기 시작했어요.

내가 사용하는 말.

그 의미를 찾고 싶어서 말이에요.

Why do we use words?
To express thoughts? Feeling?
What are we waiting for?
What are we searching for?
Where are we going?
We are so busy doing something
yet we know not what we do.
Maybe if we stop and be still we
are there already.
Maybe.
Maybe it's never early.
Maybe it's never late.
Maybe it's always on time.
I never used to like the word.
MAYBE before but I do now
I'm starting.
Starting by looking.
Looking for meaning
in the words I use.

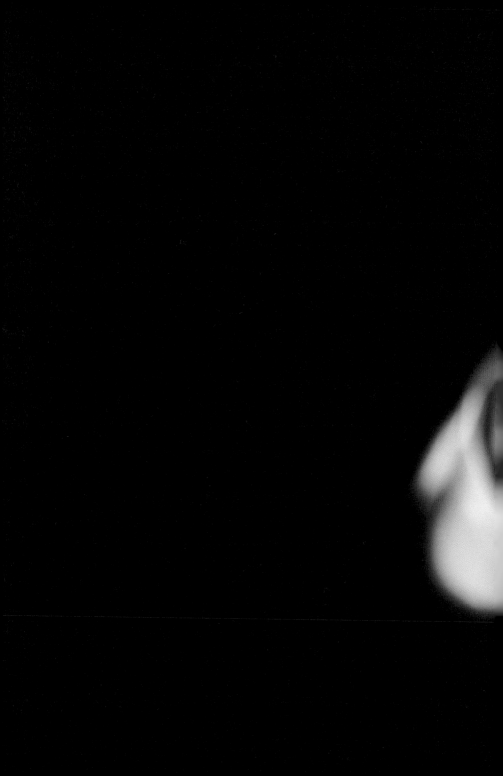

양준일
가수, 팬들의 소환으로 19년 만에 활동을 재개했다.
힘든 시절을 이겨낸 자신의 생각을 나누려
<양준일 MAYBE>를 내놓았다. '열정을 되찾고,
우리 함께 다시 달리자'라는 내용을 담은 노래
'Rocking Roll Again'과 함께 새로운 시작을 준비한다.

아이스크림
대학 졸업 후 잡지사 근무. 양준일의 오랜 친구.

김보하
사진작가. 양준일이 온몸으로 그린 아름다운 선과
내밀한 감정을 흑백 사진의 따스한 질감 속에 담았다.

율라
일러스트레이터. 양준일의 '찐팬'으로서,
그의 삶과 생각을 감각적인 그림으로 표현했다.

양준일 MAYBE 스페셜 에디션

1판 1쇄 인쇄 2020년 8월 11일
1판 1쇄 발행 2020년 8월 19일

지은이 양준일/아이스크림
일러스트 율라
사진 김보하

펴낸이 정기영
편집책임 정규영
편집 정대망
아트디렉터 황중선
마케팅 정규영/정대망
교정교열 전은정
헤어&메이크업 제니하우스 청담힐

펴낸 곳 모비딕북스
출판등록 2019년 1월 5일 제2020-000046호

주소 서울 용산구 한강대로 95 래미안용산더센트럴 B 606
전화 070-4779-8822 / 02-798-9866(7)
이메일 jky@mobidickorea.com
홈페이지 www.mobidickorea.co.kr
페이스북 www.facebook.com/mobidicbook
인스타그램 mobidic_book
유튜브 mobidicbooks

한국어판 출판권 (주)모비딕커뮤니케이션

© 양준일 / 이덕진 / 율라 / 김보하, 2020

ISBN 979-11-966019-3-5

인쇄/조판 (주)예인미술
경기 파주시 문발로 459